NOTICE

DE

30 TABLEAUX

ANCIENS ET MODERNES

Arrivant de l'Etranger

ET UNE JOLIE RÉUNION DE

CARICATURES FRANÇAISES

ET ANGLAISES

Rares et curieuses

SUR LA RÉVOLUTION

Par Cruickshank, Rowlandson, Gillray

GRAVURES DE L'ÉCOLE FRANÇAISE DU XVIIIe SIÈCLE

EN NOIR ET EN COULEUR

DESSINS, LIVRES, ORNEMENTS

PROVENANT

De la Collection de M. de P. de S. P.

DONT LA VENTE AURA LIEU

HOTEL DROUOT, SALLE N° 6

Les Mardi 5 et Mercredi 6 Décembre 1882

EXPOSITION PUBLIQUE AVANT LA VENTE

DE UNE HEURE A QUATRE HEURES

Les Tableaux seront vendus le Mardi, à 4 heures précises

Me LÉMON, Commissaire-Priseur

rue Drouot, 7

M. FÉRAL	M. S. MEYER
EXPERT	EXPERT
Rue du Faubourg-Montmartre, 54,	Rue de Châteaudun, 4 bis

PARIS — 1882

Vᵉ RENOU, MAULDE et COCK

IMPRIMEURS DE LA COMPAGNIE DES COMMISSAIRES-PRISEURS

Rue de Rivoli, 144.

NOTICE

DE

30 TABLEAUX

ANCIENS ET MODERNES

Arrivant de l'Étranger

ET DÉPENDANT

DE LA COLLECTION DE M. DE P. DE S. P.

DONT LA VENTE AURA LIEU

HOTEL DROUOT, SALLE N° 6

Le Mardi 5 Décembre 1882

EXPOSITION PUBLIQUE AVANT LA VENTE

DE UNE HEURE A QUATRE HEURES

VENTE A 4 HEURES PRÉCISES

Me LÉMON	M. FÉRAL
COMMISSre-PRISEUR	EXPERT
Rue Drouot, n° 7	rue du Faubourg-Montmartre, n° 54

PARIS — 1882

CONDITIONS DE LA VENTE

Elle sera faite au comptant.

Les Acquéreurs paieront CINQ POUR CENT, en sus des enchères, applicables aux frais.

DÉSIGNATION

DES

TABLEAUX

ANCIENS ET MODERNES

BASSAN (J.)

1 — Les Noces de Cana.

BERGHEM (Genre de)

2 — Bergers et Animaux dans un paysage.

DOMINIQUIN (Genre du)

3 — Figure allégorique de la Paix.

GAAL (Barent)

4 — Marché aux bestiaux, à l'entrée d'un village.

GIOTTO (Genre de)

5 — La Vierge, l'Enfant Jésus et des Anges.

Peinture sur fond d'or.

GREUZE (Genre de J.-B.)

6 — Jeune Fille.

En buste, vêtue d'une robe rose avec fichu de mousseline sur les épaules, les cheveux blonds attachés par un ruban bleu.
Toile ovale.

KEELHOFF et VERBOECKHOVEN

7 — La Rentrée des troupeaux.

Dans un paysage montueux et accidenté ; au centre, deux chênes dont le feuillage se détache sur un ciel nuageux doré par le soleil couchant.
Un berger chasse devant lui un troupeau de vaches et de moutons.
Belle et importante composition, signée par les deux artistes.

Toile. — H. 83 c. L. 1 m. 14.

LANCRET (D'après)

(Deux pendants)

8 — Le Repos dans le parc.

RUYSDAEL (Genre de)

9 — Paysage.

Signé à gauche, R.

SCHÆFFER (Adolphe), 1858

(Deux pendants)

10 — Fruits, Fleurs et Joyaux posés sur une table.

TÉNIERS (Attribué à D.)

11 — Le Cabaret.

Sur la gauche, des villageois; les uns debout causant, les autres, assis autour d'une table, jouent aux cartes.

Bois. — H. 56 c. L. 47 c.

TÉNIERS (D'après D.)

12 — Danse de paysans.

WOUWERMAN (D'après)

13 — Le Maréchal-Ferrant.

ÉCOLE ALLEMANDE

14 — Portrait de femme âgée.

ÉCOLE ESPAGNOLE

15 — Enfant jouant avec un chien.

ÉCOLE FLAMANDE

16 — Portrait d'homme et Portrait de femme tenant la main de son enfant.

Au centre, les armes des personnages.

ÉCOLE FRANÇAISE

17 — Portrait de femme richement vêtue.

ÉCOLE HOLLANDAISE

18 — Paysage avec figures.

ÉCOLE ITALIENNE

19 — Le Joueur de flûte.

ÉCOLE ITALIENNE

20 — Bacchus et Ariane.

ÉCOLE ITALIENNE

21 — Le Jugement de Pâris.

ÉCOLE RUSSE

22 — La Vierge et l'Enfant Jésus.

Peinture sur fond or.

---

23 — Sous ce numéro, environ dix Tableaux.

Collection de M. de P. de S. P.

CARICATURES FRANÇAISES

ET ANGLAISES

Rares et curieuses

EN NOIR ET EN COULEUR

SUR LA RÉVOLUTION

PAR

Rowlandson, Gillray, Cruickchank, Elmez, etc.

CARICATURES FRANÇAISES

EN COULEUR

SUR LA RÉVOLUTION

NOTA. — La plus grande partie de ces pièces sur la Révolution sont superbes de fraîcheur, et sont avec marges et rares à trouver dans ces conditions.

1 — Premier hommage des habitants de Paris à la famille royale, le mercredi 7 octobre 1789. — Portraits de la famille royale dans une loge.

Superbe épreuve de la plus grande rareté. Grande marge.

2 — Monsieur de La Fayette en costume de commandant de la garde nationale.

Jolie pièce de la plus grande rareté faite pour la fête du 14 juillet 1790.

Belle épreuve de la plus grande fraîcheur. Grandes marges.

3 — Mirabeau en costume, prêt à partir pour Aix-la-Chapelle, coiffé du chapeau de l'aristocratie, par son ami et collègue l'abbé Maury.

Rare.

4 — Affreuse Vengeance d'un particulier de Senlis qui a fait périr plus de 60 personnes. Ce malheureux fit sauter sa maison et s'ensevelit sous ses ruines.

Sujet à costumes militaires. Rare. Grande marge.

5 — Journée mémorable du 6 octobre 1789.

Costumes des gardes du corps et garde nationale.

6 — Ballon aérostatique voyageant.

Belle épreuve.

7 — 13 Avril 1790. Deux Diables volant (moine scatalogique).

Curieuse pièce. Grande marge.

8 — Je t'en ratisse.

Jolie femme en costume du Directoire faisant un geste inconvenant à un cocher.

9 — Vive la liberté!

Jeunes enfants en costumes dansant autour d'un mât avec une chaîne attachée aux pieds, sur lequel se trouve le bonnet phrygien. Dans le fond, la démolition de la Bastille. Rare.

10 — A Versailles! A Versailles! 5 octobre 1789.

Scène populaire à costumes.

11 — L'effet du patriotisme et l'activité des citoyens de Paris pour l'avancement des travaux du Champ de Mars, destinés à la fête du 14 juillet 1790.

Rare et curieuse pièce à costumes. Marge.

12 — Ma Feinte pour le coup c'y n'en reviendrons jamais.

Pièce scatalogique. Rare. Grande marge.

13 — La Dévideuse patriotique.

Belle épreuve. Marge.

14 — Chassez le Naturel, il revient au galop.

Pièce à costumes.

15 — MM. de Launay, Flesselles, Berthier, Foulon et deux gardes du corps, portant leurs têtes au-dessus d'un bâton, voudraient passer jusqu'aux Champs-Élysées en dépit du canon, etc., etc.

Curieuse pièce. Rare.

16 — Réveil du Tiers-État.

Dans le fond, la Bastille.

17 — Départ des Apothicaires patriotes du faubourg Saint-Antoine, munis d'une provision de pilules pour purger les deux Chambres, etc., etc., plus la ménagerie nationale.

Curieuse pièce en deux parties.

18 — L'Onguent national.

Scène curieuse à costumes.

19 — J.-B. Cretaine, âgé de 60 ans, tenant, d'une main, un sabre cassé et de l'autre le major de la Bastille, etc., etc.

Pièce dédiée à la Nation, 14 juillet 1789. Au fond, la Bastille. Grande marge.

20 — La Chasse aux aristocrates.

Pièce en noir.

21 — Pièces sur l'Amérique, dédiées aux généraux de la Grande-Bretagne, par un zélateur de la liberté.

Gravé à Philadelphie par Sans-Souci. Pièce en noir. Grande marge.

22 — Ramasse ton bonnet. — L'abbé Grimaud pleure ses bénéfices. — Un seul fait trois. — Le petit Condé. — Les Français d'aujourd'hui ou la mort aux rats. Vive le Roi! Vive la Nation!

Sept pièces. Grandes marges.

23 — Bravo. Bis la Constitution. — Le Déménageur du clergé Grognard dit le Sanguinaire. — L'Allégorie est assez claire pour se passer de commentaire.

Quatre pièces. Marges.

24 — Enterrement du très haut et très puissant et magnifique Seigneur Clergé, décédé en la salle de l'Assemblée nationale, le Jour des Morts 1789, etc., etc.

Pièce satyrique. Rare.

25 — Le Cardinal de Lorraine bénissant les assassins de la Saint-Barthélemy. — Les Journaux. — Les Théâtres. — Réception d'un chevalier de l'Éteignoir.

Quatre pièces. Marges.

26 — Le Temps passé, les plus utiles étaient foulés aux pieds. — Grande distribution de vin aux Champs-Élysées. — Au Voleur! Au Voleur! — Assemblée des aristocrates. — Le Marchand d'argent bâtonné ou à la lanterne, etc., etc.

Neuf pièces. Marges.

27 — Passe-Temps agréable, pièce militaire. — Dans la main de Targé, que la balance de Thémis est juste. — Repas de noces. — L'Empire des usages, chaque pays, chaque mode. — Pièce escrime et boxe. — Le Coup de vent; la bonne Source, scènes grivoises. — Avec autant de matières on peut faire à déjeuner. — Les Papas jouant aux petits palets. — L'Astronome B. en observant les astres se laisse tomber dans un puits. — Costume d'un bénédictin porte-étendard, 27 septembre 1790. — L'Aristocratie à l'agonie. — Près la mort de l'Épargne. — Faux combat de Jean-Bart. — Le père Duchesne et le compère Mathieu contre trois aristocrates ou les Geules-Cassées. — Le Diable d'argent, etc., etc.

En tout 24 pièces avec marge. Sera divisé.

28 — Arrestation du Roi et de sa famille. — Retour de la famille royale à Paris.

Deux pièces curieuses en noir avec nombreux personnages. Rare.

29 — Nouvelle synagogue ou l'ancien curé de Saint-Sulpice (Dans le fond du sujet se passe une scène grivoise). — Nous verrons qui l'emportera (Pièce curieuse). — Le Corps aristocratique sur la figure d'une femme expirant dans les bras de la noblesse. Le Froc aux orties, et la iberté des religieux et religieuses.

Quatre jolies pièces avec marge Rare.

30 — Portrait charge de la Révolution, en couleur.

Cinq feuilles contenant 18 sujets.

31 — L'Homme aux six têtes. — Les Descentes de croix de la semaine sainte, 1815. — Tremblez, aristocrates! — Le Maître de danses des aristoarates, etc.

Huit pièces.

32 — Magicienne consulte sur la Révolution de 1789. — On aperçoit Mirabeau. Rare. — Revue du général Fayade. — La Brûlure. — Il n'a qu'à venir, il sera traité de la sorte. — Envoi d'un supplément d'armée, etc. — L'Abbé Raynal en délire. — Présentation des Hacquenies aux saints pères.

Sept pièces curieuses en noir avec marge. Sera divisé.

CARICATURES ANGLAISES

EN COULEUR

33 — Rowlandson, Gillray, Cruickchank, Elmez, etc.

Vingt-quatre pièces curieuses : Caricatures sur le roi George, la reine, etc., etc. Sera divisé.

34 — Caricatures anglaises, par Woodvard et autres. Environ 41 pièces.

Superbe épreuve avec marge. Sera divisé.

35 — Caricatures anglaises sur Bonaparte.

9 pièces curieuses avec marge.

36 — Popular Frenzy. — The Demolicion of Saint-Steph (Chapel) et autres.

4 pièces en noir.

37 — Quinze pièces Caricatures sur la Russie : Portraits. — Scènes religieuses et satyriques, etc.

Anciennes images russes rares.

GRAVURES DE L'ÉCOLE FRANÇAISE

EN NOIR ET EN COULEUR

Du XVIIIe siècle, École italienne du XVIe siècle, Dessins et Gravures encadrés Livres, etc.

38 — **Debucourt**. La Route de Poissy.

39 — **Alix Sergent**, etc. Mirabeau. — Montesquieu. — Jean Ferronnet, etc., etc.

Sept pièces.

40 — **Bonnet** (D'après Huet). L'Amant écouté. — L'Éventail cassé.

Deux belles épreuves. Marge.

41 — **Curtis** (D'après J. Boze). Portrait de Louis XVI, imprimé à Londres en 1793.

Superbe épreuve avec marge.

42 — **Porter** (Par et d'après Place). Costumes militaires anglais.

Deux superbes épreuves en couleur. Marge.

43 — L'Innocence préservée par la Sagesse. — Le Degré des âges. — Cérémonie de la bénédiction nuptiale du Dauphin et de Marie-Antoinette en la chapelle de Versailles.

Trois pièces.

44 — **Jazet** (D'après Conte). La Demande en mariage. — Le Retour de l'église. — Le Repas de noces. — La Célébration du mariage.

Quatre gravures en couleur, encadrées.

45 — **Moreau** (J.), le jeune. La Course des chevaux. — **Beaudouin.** L'Enlèvement nocturne.

Deux pièces.

46 — L'Intérieur d'une forge.

Superbe en manière noire anglaise, gravée par Earlom.

47 — **Gillot** (Par et d'après). Scène de satyres.

Huit pièces superbes avec marge.

48 — **Hogarth**. Mariage à la mode, et autres.

20 pièces réduction.

49 — **Schmidt.** Happiness. — Wisdou. — Innocence — Providence.

Quatre pièces.

50 — **Mecou**. Portrait de la famille impériale de Russie.

11 pièces.

51 — Expulsion des Jésuites. — Portrait. — Scènes à costumes du XVe siècle. — Cérémonie du mariage du Dauphin. — Modes Della Bella. — Salvator Rosa. — Callot.

Eaux-fortes, par Schmidt, image russe, etc., etc. (Sera divisé).

52 — **École italienne.** Marc-Antoine. — Monteigna. — Cornelier Cort. — Jules Romain, etc., etc.

Dix-neuf pièces, quelques-unes superbes (Sera divisé).

53 — **Greuze.** Études à la sanguine. Dessin du maîtr ayant servi à ses tableaux.

54 — Dessins anciens de plafond, époque Louis XIV.

55 — Gouache (Scène champêtre).

56 — Miniature chinoise sur papier de riz.

57 — **Cassenave** (D'après Benazetti). 20 Pièces.

Belle épreuve encadrée.

58 — **Surugue** (D'après Mignard). La Musique, etc.

59 — Gouache, époque Louis XIV.

60 — Aquarelles russes, par Péchoff, Sakaboff, etc., etc

Ve Renou, Maulde et Cock, imprs de la Compagnie des Commissaires-Priseurs, rue de Rivoli, 144. 3343

www.ingramcontent.com/pod-product-compliance
Ingram Content Group UK Ltd.
Pitfield, Milton Keynes, MK11 3LW, UK
UKHW022155260726
13993UKWH00005B/2378